EXAMEN
DE LA
CHARTE CONSTITUTIONNELLE
DE 1814;

Par M. LE BOUVIER DESMORTIERS,
Ancien Magistrat.

Principiis obsta.

SE TROUVE A PARIS,

Rue de Seine, N°. 16, chez le Portier;
Et chez Delaunay, Libraire, au Palais-Royal, deuxième Galerie de bois, n°. 243.

1815.

EXAMEN

DE LA

CHARTE CONSTITUTIONNELLE

DE 1814.

Ils étoient bien ignorans ou de bien mauvaise foi nos premiers législateurs révolutionnaires, lorsqu'ils ont avancé *que la France n'avoit point de constitution*. Cette absurdité, qui n'auroit pas trouvé grâce dans les siècles d'ignorance et de barbarie, nous a été sentencieusement débitée et a fait fortune dans celui qu'on appelle avec emphase *le siècle des lumières*. Les salons les mieux éclairés retentissoient de ces paroles magiques sorties du manége : *la France n'a point de constitution*. Eh quoi ! me disois-je, un vaisseau sans agrès, sans gouvernail, sans pilote, lancé sur des mers orageuses, pourroit-il faire des voyages de long cours, éviter les écueils, échapper aux tempêtes, et rapporter d'immenses richesses? Comment une nation, qui, pendant quatorze cents ans, s'est illustrée par tous les genres de gloire, de talens, et par sa prééminence sur les autres nations de l'Europe, est-elle parvenue à cette hauteur de puissance et de célébrité, sans avoir de constitution, c'est-à-dire sans lois, qui sont le gouvernail des empires? Si, par le mot de *constitution*, les novateurs ont entendu quelques feuilles de papier où sont écrites des maximes particulières de gouvernement, des dispositions réglementaires sujettes au changement, parce qu'elles ne reposent pas sur des principes fixes; qu'elles sont souvent le produit des circonstances, de l'esprit de parti, des passions, de l'imprévoyance, et qu'elles peuvent donner lieu à des modifications diverses que d'autres circonstances nécessitent, j'avoue que la France n'avoit point eu jusqu'alors de constitution semblable, et toutes celles qu'on lui a données depuis vingt-cinq ans ne doivent pas nous laisser de regrets sur le passé.

Nos modernes Lycurgues ont eu l'orgueil ou la bonhomie de croire, qu'avec des maximes philosophiques, des abstractions, des idées soi-disant libérales, un vain étalage des droits et des devoirs de l'homme et du citoyen, des idées communes et rebattues sur l'égalité, la liberté, la propriété, il n'y avoit rien de si facile que de faire des constitutions propres à rendre heureux les hommes réunis en société. Ils y ont travaillé avec une morgue, une persévérance délirante, et tous leurs chefs-d'œuvre n'ont produit que le malheur de la France.

Une constitution ne se fait point à coups de plume et à la hâte. Elle est l'ouvrage du temps, par l'observation constante des usages qui, dans l'origine des peuples, ont établi une forme particulière de gouvernement; usages qui, par la tradition, souvent plus que par l'écriture, sont transmis aux générations à venir, et prennent alors le nom *de lois fondamentales.* C'est par le maintien de ces lois que s'affermit et se prolonge l'existence politique des peuples.

La différence des usages primitifs constitue la nature des gouvernemens et leurs diverses espèces dans un gouvernement de même nature, comme je le ferai voir en parlant de la monarchie. Ainsi, dès qu'il existe un gouvernement, il existe une constitution; et dire que la France n'avoit point de constitution, c'est dire que pendant quatorze siècles elle n'a pas eu de gouvernement, puisque ces deux choses sont aussi inséparables que la forme l'est de la matière: voilà sans doute ce que *nos docteurs ès-lois* ne savoient pas. Nous ont-ils appris quelque chose sur la liberté, la propriété, l'égalité devant la loi? Certes les Francs étoient libres jusqu'à l'indépendance, avant de savoir écrire. Rien de si sacré chez eux que la propriété. On en trouveroit difficilement une preuve plus frappante que celle du vase de Soissons réclamé par Clovis.

C'étoit, dit *Mézeray*, *une loi parmi les Français, que tout le butin s'apportoit en commun et se partageoit entre les gens de guerre. Il avoit été pris un vase précieux dans une église par les troupes de Clovis; il demanda, par grâce, qu'on le mît à part pour le rendre à l'évêque qui l'en supplioit. Un gendarme insolent s'y opposa et donna un coup de hache dessus, jurant qu'il en vouloit avoir sa part* (1). Le comte *de Boulainvillier*, dans son Histoire de l'ancien gouvernement de la France (tome 1er., page 50), rapporte le fait autrement; il dit : *que le soldat refusa de rendre le vase, parce que le partage étoit égal; qu'il étoit tombé dans son lot, et qu'il en avoit acquis la propriété absolue. De son côté, le Roi, comme chef de la justice, acquiesça à un droit certain en laissant le vase au soldat.*

Quelque différence qu'il y ait dans le récit de ces deux écrivains, le droit de propriété n'en fut pas moins reconnu, et je doute que, malgré les phrases bien alignées de nos constitutions, un pareil exemple se renouvelât aujourd'hui. La liberté, la propriété, l'égalité devant la loi, ont-elles été bien respectées depuis vingt-cinq ans? Nos ancêtres mettoient en action ce que nous mettons en principes, et cela valoit beaucoup mieux.

Il en faut dire autant de l'unité, de l'indivisibilité du royaume, de l'inaliénabilité du domaine, de la personne du Roi, que la constitution de 1791 dé-

---

(1) *Abrégé de Mézeray*, tome II, page 310.

claroit inviolable et sacrée, et que les auteurs de cette constitution ont fait périr par la main du bourreau. Qu'on nous vante après cela l'empire et la nécessité des constitutions modernes !

Les lois fondamentales du royaume et les anciens monumens de la législation française contiennent dans mille endroits tout ce que les constitutions révolutionnaires renferment de vrai, de raisonnable, sur les principes du gouvernement, sur la division des pouvoirs, sur les droits des citoyens qui dérivent du droit naturel, sur les devoirs que les lois positives leur imposent pour règles de leur conduite particulière et le bien général de la société. Ainsi nos législateurs n'ont été que des copistes ; et leur travail, dont on n'avoit pas besoin, gâté par de fausses maximes, des idées chimériques de perfectibilité, qui ne cadrent point avec les imperfections naturelles de l'homme, et sur-tout par la prétendue souveraineté du peuple, a égaré les esprits dans des directions contraires au bien public qu'on disoit avoir en vue, et causé presque tous les maux de la révolution.

La constitution de 1791 n'étoit qu'une république déguisée sous un fantôme de royauté; celles de Buonaparte, ses sénatus-consultes organiques n'étoient que le despotisme organisé. La Charte royale nous met sur la voie de parvenir à une constitution digne de la nation française, qui ne peut plus s'en passer, et dont les bases, aussi anciennes que la monarchie, seront fortifiées par de nouvelles lois, que réclament le progrès des lumières et le mouvement imprimé aux esprits dans les orages de la révolution. Mais cette Charte qui n'a qu'un an d'existence a déjà besoin de réformes. Elle se ressent de la précipitation avec laquelle le Roi s'est vu en quelque sorte forcé de céder à l'impatience nationale, qui, dégoûtée des constitutions éphémères qui lui promettoient le repos et le bonheur, sollicitoit avec chaleur de l'amour et de la justice de son souverain légitime, la garantie durable de ses droits et de sa liberté. *Nous avons reconnu*, dit Sa Majesté, *que le vœu de nos sujets, pour une Charte constitutionnelle, étoit l'expression d'un besoin réel. En cédant à ce vœu, nous avons pris toutes les précautions pour que cette Charte fût digne de nous et du peuple auquel nous sommes fiers de commander.*

Mais, nous le disons à regret, les intentions bienfaisantes de Sa Majesté n'ont pas été suffisamment remplies. Lorsqu'un peuple se constitue pour la première fois, ou qu'il passe tout-à-coup d'un gouvernement à un autre, comme de la monarchie à la république, *et vice versâ*, toutes les lois étant de même date, il n'y a aucune distinction à faire entre elles; mais si, en conservant le même gouvernement, le peuple substitue à d'anciennes formes, des formes nouvelles que l'expérience a rendues nécessaires au bien de l'état, on distingue alors deux sortes de lois : les anciennes qui constituent la nature du gouvernement et qu'on appelle lois fondamentales, et les nouvelles, qui, n'ayant pas encore ce caractère, l'acquièrent par une longue succession de temps, qui, comme on l'a dit, fait seul les constitutions. Ainsi les Rois, qui étoient électifs sous les deux premières races, sont devenus héréditaires sous la troisième; et le partage du royaume, qui avoit lieu entre les enfans du Roi à sa mort, et quelquefois de son vivant, fut abrogé à la même époque, à cause des déchiremens qu'il occasionnoit dans l'état (1). Ces changemens, ceux qui ont fait disparoître les *placita*, les *conventus*, les *colloquia*, les *parlamenta*, toutes ces anciennes formes en usage pour l'administration du royaume, n'en ont apporté aucun dans sa constitution primitive qui, depuis Pharamond, est une monarchie tempérée par des lois, dont les femmes sont exclues, et qui, depuis le commencement de la troisième race, est devenue héréditaire et indivisible. Ces deux derniers ont aujourd'hui, par leur ancienneté, le caractère des lois fondamentales qui doivent être consignées avant tout dans la Charte constitutionnelle.

Omissions graves, défaut d'ordre dans la rédaction, articles purement réglementaires ou transitoires, voilà les imperfections que présente la Charte constitutionnelle de 1814. Elle est divisée en huit

---

(1) *Omne regnum inter se divisum desolabitur.*

parties ou chapitres ; le 1er. est intitulé : *Droit public français ;* le 2e., *Formes du gouvernement du Roi ;* le 3e., *de la Chambre des pairs ;* le 4e., *de la Chambre des députés ;* le 5e., *des Ministres ;* le 6e., *de l'Ordre judiciaire ;* le 7e., *Droits particuliers garantis par l'état ;* le 8e., *Articles transitoires.*

Omissions.

Le droit public français comprend d'abord les lois fondamentales de la monarchie, et cependant il n'en est pas dit un mot dans ce chapitre. On apprend à la vérité, dans le chapitre suivant, que la France est une monarchie, parce qu'il y est parlé du Roi ; mais on ne sait pas si cette monarchie est absolue comme en Danemarck, ou tempérée par des lois comme en Angleterre ; si elle est élective ou héréditaire ; si les femmes sont appelées à la couronne ou si elles en sont exclues ; si dans le cas de minorité on établit un régent, etc., etc., etc.

Le droit public renferme encore tout ce qui détermine les formes principales du gouvernement, telles que la police générale pour le maintien du bon ordre et de la tranquillité publique, la religion, la justice, les finances, etc. ; et comme ce chapitre ne contient que douze articles, dont plusieurs lui sont étrangers ou purement temporaires, on voit que son titre n'est pas rempli à beaucoup près. De plus on ne peut se dissimuler, et l'on voit avec peine l'influence de l'esprit de parti qui a dicté les articles 5, 6 et 7, concernant la religion. L'esprit philosophique, ennemi irréconciliable des idées religieuses, a travaillé constamment à les détruire, et malheureusement il n'y a que trop bien réussi. Nos législateurs républicains, qui, en échange de la divinité, nous avoient donné la déesse de la raison, décrétèrent le libre exercice de tous les cultes qu'ils méprisoient également, et déclarèrent que l'état n'en salarioit aucun; aujourd'hui, par un système non moins irréligieux, mais contraire dans sa marche, l'état doit salarier tous les cultes chrétiens. Lorsque, loin d'embrasser tous ces cultes, l'enseignement de l'Église catholique, apostolique et romaine, qui est la religion dominante, les rejette de son sein, n'est-ce pas dire à la jeunesse, déjà trop disposée à en secouer le joug : *Ne croyez rien de ce qu'on vous enseigne ; l'état salarie tous les cultes ; choisissez celui qui convient le mieux à vos habitudes, à vos passions ; cela est fort indifférent.* On a même affecté, dans la rédaction des articles 5 et 6, de mettre la religion romaine au second rang, et de n'en parler que par réminiscence ou par exception; voici comme ils sont conçus :

ART. 5.

Chacun professe sa religion avec une égale liberté, et obtient pour son culte la même protection.

Art. 6.

(*Cependant*) *la religion catholique, apostolique et romaine est la religion de l'état.*

Il y a plus de treize cents ans que la religion de Clovis est celle de l'état, qui l'a conservée dans sa pureté primitive, et il n'y en a pas quatre cents que *Luther* et *Calvin* ont prêché leurs doctrines. La chronologie et la suite naturelle des idées vouloient qu'on nommât la religion de l'état la première et qu'on n'y mît pas le mot *cependant.* L'article V, qui n'est qu'une disposition réglementaire et de tolérance, ne doit point être mis au rang des lois fondamentales qui sont essentiellement immuables. Enfin l'article 7, qui dispose que les ministres de la religion catholique, apostolique et romaine, et *ceux des autres cultes chrétiens*, reçoivent seuls des traitemens du trésor royal, porte la plus rude atteinte à cette religion.

Personne n'ignore que les Protestans jouissoient depuis long-temps en France de la tolérance religieuse la plus entière; qu'ils étoient admis aux emplois civils et militaires, et que le Roi avoit créé pour eux l'ordre du Mérite; mais la protection du gouvernement n'avoit point été jusqu'à salarier un culte que la religion dominante repousse. Dès qu'il y a une religion dominante dans un état, le gouvernement n'en doit pas salarier d'autres, parce qu'il lui importe d'empêcher la prédication de doctrines contraires à celle qu'il professe. L'Espagne, le Portugal, ne permettent même pas le libre exercice d'un culte étranger ; l'Angleterre et les autres états protestans, où la tolérance admet tous les cultes, ne salarient pas celui des catholiques, ni l'empereur de Constantinople la secte d'Ali ; pourquoi la France salarieroit-elle les autres cultes chrétiens ? par quels motifs de si haute importance, veut-on faire une loi à la nation de ce qui, chez Buonaparte, n'étoit simplement qu'un acte de munificence ? Avant lui on ne payoit pas le culte protestant ; après lui on ne doit pas le payer. *Sublatâ causâ tollitur effectus.*

Buonaparte, paré du nom illustre de restaurateur de la religion qu'il vouloit détruire, et qui n'avoit pour religion qu'une immoralité profonde, Buonaparte, en rétablissant le culte catholique, mit les prêtres à l'aumône ; il tira de l'obscurité le culte protestant, et fit à ses ministres un traitement aussi avantageux que celui des catholiques étoit insuffisant (1). Sous le rapport de l'opinion, il nivela

---

(1) Dans les campagnes, où les communes sont beaucoup plus étendues que dans les villes, il n'y avoit souvent pour trois ou quatre paroisses qu'un prêtre, quelquefois âgé ou infirme, à 500 f. de gages. Ce malheureux ecclésiastique n'avoit pas le moyen d'avoir une servante et un cheval pour se rendre à de grandes distances, lorsqu'il y étoit appelé ; et, loin de pouvoir aider de sa bourse des indigens qui périssoient de misère, il lui falloit implorer la charité de ses paroissiens, dont la plupart, accoutumés à se passer de son ministère, refusoient de pourvoir à ses besoins ; lorsqu'il succomboit à la fatigue de ses travaux apostoliques, il étoit difficilement remplacé.

même les deux cultes au point que, lorsqu'ils se trouvoient en concurrence dans le même lieu, tout acte extérieur étoit interdit aux prêtres, qui étoient obligés de se renfermer dans leurs églises.

Cette manœuvre de Buonaparte, qu'on appela *restauration*, lui procura deux grands avantages: le premier, d'avilir le culte catholique par la misère des prêtres; le second, d'attirer dans son parti les Protestans qui sont très-nombreux en France; mais aujourd'hui que les mesures financières de l'ex-empereur ont cessé avec lui, le salaire très-dispendieux du culte protestant ne doit pas survivre à l'autorité qui l'avoit établi. Loin d'en faire un article constitutionnel, qui par-là deviendroit immuable, il doit rentrer dans la classe des opérations de finance que l'on supprime au besoin lorsqu'on en reconnoît l'abus ou le danger. Et certes il y auroit ici un grand abus, puisque les Schismatiques grecs, les Sociniens, les Anabaptistes, les Quakers, les Manichéens, les Ariens, les Nestoriens, toutes ces sectes qui, comme les Protestans, sont sorties de l'Église latine, et dont plusieurs sont encore très-étendues en Europe, venant à s'établir en France, pourroient, la Charte à la main, demander au Roi leur salaire, et si elles ne l'obtenoient pas, crier à la violation de la Charte constitutionnelle.

Il y auroit aussi du danger, en ce que l'assimilation des différens cultes chrétiens feroit disparoître la prééminence de la religion catholique et finiroit par la détruire. Cette innovation, qui ne peut jamais faire partie du droit public français, et à laquelle cependant on a voulu imprimer un caractère d'inviolabilité, comme article constitutionnel, semble une pierre d'attente pour la subversion de nos lois fondamentales. Lorsqu'avec le temps on se seroit accoutumé à l'exercice public de tous les cultes, et que celui de la religion dominante seroit assimilé aux autres par le salaire qu'ils recevroient indistinctement, on finiroit par n'en croire aucun. Qui sait même si, dans la suite, les dynasties régnantes venant à manquer, et qu'il fût question d'en choisir une nouvelle, on ne verroit pas aspirer au trône des hommes puissans qu'en écarteroit aujourd'hui le défaut de catholicité? A quels ébranlemens l'état ne seroit-il pas alors exposé? Mais ne nous livrons point à des considérations lointaines qu'on pourroit traiter de chimères; il en est d'existantes qu'on ne peut contredire, que l'esprit d'irréligion croira peut-être dignes de risée, mais que les personnes sincèrement attachées à la patrie et à la religion, trouveront conformes aux sentimens d'amour et de vénération qui leur sont dus.

Les Rois de France qui se glorifient des titres *de Fils aînés de l'Église, de Rois très-chrétiens*, jurent à leur sacre de maintenir la religion et de détruire les hérésies. Vouloir qu'ils salarient tous les cultes, n'est-ce pas les dépouiller aux yeux des nations de ces titres glorieux qu'ils se sont toujours montrés si jaloux de mériter? n'est-ce pas les rendre fauteurs de toutes les hérésies qu'ils ont juré de détruire, que de leur faire salarier le culte des hérétiques? Accoutumés que nous sommes au parjure, faut-il le transporter des camps jusque sur nos autels? il n'y aura donc plus rien de sacré sur la terre!

L'expérience n'a que trop appris que les persécutions religieuses tourmentent les consciences sans les soumettre. Aussi la dernière partie du serment de nos rois se réduit aujourd'hui à n'employer que des moyens de tolérance, de douceur et de persuasion conformes à la morale de l'Évangile; mais que le dépôt sacré de la foi qui n'est jamais sorti de nos cœurs, y reste à perpétuité, et montrons pour le conserver le même zèle que les Protestans emploient à régulariser en quelque sorte, par des mesures législatives, la dissidence de leur doctrine. Vivons fraternellement avec nos frères; communiquons nos lumières, notre industrie, nos talens à des hommes non moins éclairés, non moins industrieux, non moins capables, et peut-être plus vertueux que nous. Enfans de la même patrie, dont la confiance nous appelle également à la servir, qu'un lien commun nous unisse pour calmer ses souffrances et fermer ses blessures.

J'ai dit qu'il y avoit défaut d'ordre dans la rédaction de la Charte; j'ajoute qu'il n'y faut pas confondre les lois constitutionnelles avec les dispositions réglementaires qui déterminent le mode de leur application ; en voici des exemples.

Défaut d'ordre.

ART. 15.

La puissance législative s'exerce collectivement par le Roi, la Chambre des pairs et la Chambre des députés des départemens.

Avant de dire par qui s'exerce la puissance législative, l'ordre exigeoit qu'on fît connoître les élémens de cette puissance, c'est à-dire, en quoi consiste le gouvernement, ce qu'on pourroit établir de cette manière :

Le gouvernement français est composé du Roi, d'une Chambre des pairs et d'une Chambre de députés des départemens.

Alors l'article 15 qui découle naturellement de la disposition précédente, détermine le mode dont le gouvernement, composé de ces trois élémens, exerce la puissance législative, et par ce moyen, l'article 24 portant *que la Chambre des pairs est une portion essentielle de la puissance législative*, devient inutile.

Deuxième exemple. Après l'article 58, les *juges nommés par le Roi sont inamovibles ;* il faudroit mettre la deuxième partie de l'article 68 : *les juges de paix, quoique nommés par le Roi, sont amovibles.*

Il ne faut pas confondre les lois constitutionnelles avec les lois réglementaires. Les articles 13, 14 et 15 ne doivent pas se trouver dans le même chapitre que l'article 19 ainsi conçu : *Les Chambres ont la faculté de supplier le Roi de proposer une loi sur quelque objet que ce soit, et d'indiquer ce qu'il leur paroît convenable que la loi contienne.* On sent l'énorme différence qu'il y a entre la simple faculté de proposer une loi et ces dispositions importantes de l'article 13 : *La personne du Roi est inviolable et sacrée, ses ministres sont responsables, au Roi seul appartient la puissance exécutive.*

Celles-ci sont constitutionnelles ; l'autre purement réglementaire pourroit être modifiée, même supprimée sans inconvénient.

Il en est de même des articles 25 et 30, concernant la Chambre des pairs.

ART. 25.

Elle est convoquée par le Roi en même temps que la Chambre des députés des départemens ; la session de l'une commence et finit en même temps que celle de l'autre.

Cet article est réglementaire ; le 30e. suivant est constitutionnel, puisqu'il est une partie constituante de la Chambre des pairs.

Les membres de la famille royale et les princes du sang sont pairs par le droit de leur naissance.

Les maximes qui dérivent du droit naturel, et

qui appartiennent à tous les gouvernemens, sans en caractériser aucun, ne doivent pas être mises au rang des lois constitutionnelles; elles sont tellement dans l'ordre de la justice, qu'à la rigueur on pourroit ne les pas exprimer, ou qu'elles ne devroient trouver place que dans les dispositions réglementaires concernant la justice distributive, telle que celle-ci :

ARTICLE PREMIER.

Les Français sont égaux devant la loi, quels que soient d'ailleurs leurs titres et leurs rangs.

S'il n'y avoit en France que des Français, cet article rempliroit complètement les vues du législateur sur l'égalité légale entre eux; mais comme il s'y trouve une quantité prodigieuse d'étrangers de toutes les nations qui, par le seul fait de résidence, sont justiciables des lois françaises, tant civiles que criminelles, il me semble qu'on pourroit donner à cet article une extension philantrhopique et relative à l'égalité naturelle entre les hommes; ainsi dans le chapitre de l'ordre judiciaire on l'exprimeroit en ces termes :

En France, tous les hommes, indistinctement, sont égaux devant la loi.

ART. 56.

Les ministres ne peuvent être accusés que pour *fait de trahison ou de concussion.* Cet article est contraire au premier qui établit l'égalité devant la loi, parce qu'un ministre peut se rendre coupable de différentes actions également dignes de la sévérité des lois; et que le droit d'impunité, subversif de l'ordre social, ne doit appartenir à personne.

Les articles 69, 73, 75 et 76, dont les dispositions ne sont que momentanées, ne peuvent rester dans la Charte constitutionnelle, qui doit être stable, et dont la rédaction très-imparfaite a besoin d'une réforme presque générale.

C'est un principe tiré de la chose même, *ex visceribus rei*, que toute constitution doit commencer par faire connoître la nature du gouvernement constitué. On a dit que lorsqu'un peuple qui conserve la nature de son gouvernement, apporte de grands changemens dans les formes de l'administration, il faut distinguer deux sortes de lois, les anciennes, ou lois fondamentales, et les nouvelles, ou lois constitutionnelles. Les premières ont acquis par le temps un caractère de stabilité et de durée qui les rend inviolables. Les secondes ne peuvent acquérir avec le temps un caractère aussi respectable, qu'autant qu'elles auront été dictées par l'intérêt national, sans l'influence de l'esprit de parti, d'innovation et d'intrigue, qui gâte tout, et qui prépare quelquefois de loin des changemens dans le nouvel ordre de choses qu'il a lui-même concouru à établir. Ces deux espèces de lois ne peuvent contenir qu'un petit nombre d'articles; mais il est nécessaire d'accompagner les lois constitutionnelles de règlemens qui en développent l'esprit, les rapports qu'elles ont entre elles, et leurs moyens d'exécution. Ces règlemens seront intitulés, *lois réglementaires ;* elles seront susceptibles de modifications et de changemens au gré des circonstances qui paroîtront l'exiger.

Au moyen de cette classification, la Charte sera divisée en trois chapitres : le 1er. contiendra les lois fondamentales ; le second, les lois constitutionnelles ; et le troisième, les lois réglementaires : ce dernier sera divisé en sections.

Projet de rédaction de la Charte constitutionnelle.

CHAPITRE PREMIER.

Lois fondamentales du gouvernement français.

ARTICLE PREMIER.

Le gouvernement français est une monarchie tempérée par des lois.

ART. 2.

La monarchie française est héréditaire en ligne directe, de mâle en mâle, par ordre de primogéniture.

ART. 3.

Les enfans naturels, les femmes et leur descendance sont exclus de la couronne.

ART. 4.

Si la ligne directe vient à manquer, la plus proche en collatérale est appelée au trône dans la personne de son chef, héréditairement de mâle en mâle, et ainsi de suite jusqu'à l'extinction de la dynastie.

ART. 5.

Quand la dynastie est éteinte, la nation élit un Roi pris dans son sein.

ART. 6.

L'étranger ne règne point en France.

ART. 7.

La religion catholique, apostolique et romaine, est la religion de l'état.

ART. 8.

La personne du Roi est inviolable et sacrée.

ART. 9.

Si le Roi est mineur ou incapable de gouverner, on nomme un régent.

ART. 10.

Le Roi jure, à son sacre, de maintenir les lois du royaume et la religion de l'état.

CHAPITRE II.

Des lois constitutionnelles, gouvernement français.

ARTICLE PREMIER.

Le gouvernement français est composé du Roi, d'une Chambre des pairs, et d'une chambre de députés des départemens.

ART. 2.

La puissance législative s'exerce collectivement par le Roi, la Chambre des pairs, et la Chambre des députés.

ART. 3.

Le Roi seul sanctionne et promulgue les lois. A lui seul appartient la puissance exécutive.

ART. 4.

Le Roi est le chef suprême de l'état, commande les forces de terre et de mer, déclare la guerre, fait des traités de paix, d'alliance et de commerce, nomme à tous les emplois d'administration publique, et fait les règlemens et ordonnances pour l'exécution des lois et la sûreté de l'état.

ART. 5.

La nomination des pairs de France appartient au Roi. Leur nombre est illimité. Le Roi peut en varier les dignités, les nommer à vie, ou les rendre héréditaires, selon sa volonté.

ART. 6.

Les membres de la famille royale et les princes du sang sont pairs par le droit de leur naissance. Ils siégent immédiatement après le président. Ils n'ont voix délibérative qu'à vingt-cinq ans.

ART. 7.

La Chambre des députés sera composée des membres qui seront élus par les colléges électoraux des départemens, dont l'organisation sera déterminée par des lois.

ART. 8.

Chaque département a un nombre de députés fixé par la loi.

ART. 9.

Le président de la Chambre des députés est

nommé par le Roi, sur une liste de cinq membres présentée par la Chambre.

ART. 10.

Aucun impôt ne peut être établi ni perçu, s'il n'a été consenti par les deux Chambres et sanctionné par le Roi.

ART. 11.

L'impôt foncier n'est consenti que pour un an; les impôts indirects peuvent l'être pour plusieurs années.

ART. 12.

Les contributions sont réparties entre les contribuables indistinctement, dans la proportion de leurs propriétés.

ART. 13.

L'état peut exiger le sacrifice d'une propriété pour cause d'intérêt public légalement constatée, moyennant une indemnité préalable.

ART. 14.

Toute justice émane du Roi. Elle se rend en son nom, par des juges qu'il nomme et qu'il institue.

ART. 15.

Les juges nommés par le Roi sont inamovibles,

excepté par démission volontaire, ou pour cause de forfaiture dûment jugée.

ART. 16.

Les juges de paix, quoique nommés par le Roi, sont amovibles.

ART. 17.

Nul ne peut être distrait de ses juges naturels.

ART. 18.

En France, tous les hommes indistinctement sont égaux devant la loi.

ART. 19.

Le Roi a le droit de faire grâce et celui de commuer les peines.

ART. 20.

La noblesse ancienne reprend ses titres : la nouvelle conserve les siens. Le Roi fait des nobles à volonté; mais il ne leur accorde que des rangs et des honneurs, sans aucune exemption des charges et des devoirs de la société.

CHAPITRE III.

Des Lois réglementaires.

PREMIÈRE SECTION.

Chambre des Pairs.

ARTICLE PREMIER.

La Chambre des pairs est convoquée par le Roi en même temps que la Chambre des députés des départemens. La session de l'une commence et finit en même temps que celle de l'autre.

ART. 2.

Toute assemblée de la Chambre des pairs qui seroit tenue hors du temps de la session de la Chambre des députés, ou qui ne seroit pas ordonnée par le Roi, est illicite et nulle de plein droit, etc.

DEUXIÈME SECTION.

Chambre des Députés.

ARTICLE PREMIER.

Aucun député ne peut être admis dans la Chambre, s'il n'est âgé de quarante ans, et s'il ne paye une contribution directe de 1000 francs.

ART. 2.

Les députés seront élus pour cinq ans, et de manière que la Chambre soit renouvelée chaque année par cinquième, etc.

TROISIÈME SECTION.

Des Ministres.

ARTICLE PREMIER.

Les Ministres peuvent être membres de la Chambre des pairs ou de la Chambre des députés. Ils ont en outre leur entrée dans l'une ou l'autre Chambre, et doivent être entendus quand ils le demandent.

ART. 2.

La Chambre des députés a le droit d'accuser les Ministres, etc.

QUATRIÈME SECTION.

De l'Ordre judiciaire.

ARTICLE PREMIER.

Les cours et tribunaux ordinaires, actuellement existans, sont maintenus.

ART. 2.

Les débats seront publics en matière criminelle, à moins que cette publicité ne soit dangereuse pour l'ordre et les mœurs; et dans ce cas, le Tribunal le déclare par un jugement, etc.

Ce petit nombre d'articles tirés des différentes sections, suffit pour faire connoître la différence essentielle qu'il y a entre les lois réglementaires et les lois constitutionnelles, et pour indiquer dans quel chapitre celles qui seront rendues par la suite doivent être classées. Je n'ai pas la présomption de croire que cette classification doive être adoptée par le gouvernement ; j'ai voulu seulement présenter un ordre plus méthodique que celui de la Charte constitutionnelle, qui est évidemment l'ouvrage de la précipitation. La sagesse et les lumières des nouveaux législateurs lui donneront, sous tous les rapports, la perfection qui convient à un acte de cette importance, et dans lequel la balance des pouvoirs sera si bien établie que, sans se gêner l'un l'autre dans leur marche, ils concourront également à maintenir l'indépendance du pouvoir souverain, et à garantir les droits du peuple sous l'empire des lois.

On a vu la démagogie s'applaudir d'avoir resserré

la puissance royale dans des limites si étroites qu'il restoit à peine un fantôme de royauté; comme si un peuple ne s'avilissoit pas lui-même en avilissant son souverain devant les nations étrangères. Telle étoit la constitution de 1791, qu'on fit signer à Louis XVI, le poignard sur la gorge; on insultoit même à la majesté de ce malheureux prince et de son auguste épouse, avec les noms dérisoires et populaciers de Monsieur et Madame *Véto*, par allusion au droit qu'avoit le Roi de refuser sa sanction aux décrets du Corps législatif. Sans doute nous ne verrons plus de pareils actes de démence. Loin de chercher à diminuer les prérogatives royales, on ne peut leur donner trop d'éclat pour augmenter celui du trône, qui rejaillit toujours sur la nation.

La France attaquée d'un mal presque incurable croit, malgré l'expérience, trouver sa guérison dans une Charte constitutionnelle, soit; mais ce ne seroit encore aujourd'hui qu'un palliatif mal préparé au milieu de tant de passions qui fermentent, et dont le temps peut seul être le régulateur. Après la tempête, un vaisseau cède encore quelque temps à l'agitation des flots, avant de reprendre un sillage régulier.

C'est la moralité des princes qui fait la garantie des peuples. Voyez le Danemarck; la nation gémissoit sous la tyrannie des grands : elle investit le Monarque d'une puissance presque sans bornes, qui lui a rendu sa liberté, ses droits, et dont elle est aujourd'hui la meilleure garantie. Avions-nous une garantie sous la république, sous le directoire, sous les consuls, sous Buonaparte, avec toutes leurs constitutions? Quand le crime règne, il n'y a pas de constitution qui tienne. Les gouvernans sont tout, les gouvernés ne sont rien; une feuille de papier placée entre eux n'arrête pas les uns et ne défend pas les autres. La Charte qui conviendroit le mieux à la France, seroit le repentir de ses folies et la réforme des mœurs.

A PARIS,
DE L'IMPRIMERIE DE MADAME HUZARD
(née VALLAT LA CHAPELLE),
rue de l'Éperon-Saint-André-des-Arts, N°. 7.

www.ingramcontent.com/pod-product-compliance
Ingram Content Group UK Ltd.
Pitfield, Milton Keynes, MK11 3LW, UK
UKHW020522180726
13839UKWH00005B/2245

9 782329 170831